ВЛАДИМИР САВЧУК

I0616200

ХОДИТЬ В
ДУХЕ СВЯТОМ

КАК РАЗВИВАТЬ ГЛУБОКИЕ ОТНОШЕНИЯ
С БОЖЬИМ ДУХОМ

ОГЛАВЛЕНИЕ

ВВЕДЕНИЕ

*Я говорю: поступайте по духу,
и вы не будете исполнять
вожделений плоти...*

Галатам 5:16

Каждый христианин получает Святого Духа, но не каждый христианин ходит в Святом Духе. Апостол Павел призывает верующих ходить в Духе Святом, потому что именно это открывает в нас полноту отношений с Ним.

Святой Дух приходит в наши сердца сразу же при спасении, но по-настоящему научиться ходить в Святом Духе требует времени, практики и готовности.

...и вы не будете исполнять вожделений плоти...

Когда мы ходим в Святом Духе, Он дает нам силу бороться с желаниями плоти. Присутствие Святого Духа не избавляет нас от плоти и ее вожделений. Даже если наш «ветхий человек» распят с Христом, отголоски старой природы продолжают влиять на нас. Плоть не спасается, спасается ваш «внутренний человек». И Святой Дух, живущий в нас, дает нам силу распинать эти нечестивые вожделения.

Мы начинаем чувствовать обличение в этих желаниях по мере развития наших отношений со Святым Духом. Очень многие люди живут в осуждении или поражении, потому что не распинают плотские желания. С началом вашего личного познания Святого Духа и общения с Ним Он дает силу не только распознать грех, но и изменить наше поведение. Дух Божий обращает ваше внимание на слова, действия, отношения или грехи, которые огорчают Его. Тот, Кто уличает нас в грехе, также дает нам силу измениться.

Наше хождение в Святом Духе — это сила для победы в духовной брани против эго и вожделений плоти. В этой небольшой книге я как можно более практично помогу вам углубить ваше хождение в Святом Духе и узнать, как жить в личном общении с Ним.

1

ЗНАТЬ О СВЯТОМ ДУХЕ

Чтобы ходить в Святом Духе, мы должны знать о Святом Духе

Иисус сказал Своим ученикам, что мир не может принять Святого Духа, потому что «*не видит Его и не знает Его; а вы знаете Его, ибо Он с вами пребывает и в вас будет*» (Иоанна 14:17). Интересно, сколько христиан сегодня не видят Святого Духа в своей жизни просто потому, что не знакомы с Ним. Они не получают силу Святого Духа, так как не знают Его.

Да, как я уже говорил, вы можете принять Святого Духа и не ходить в Нем. Но вы также можете принять Святого Духа и не знать Его. Прежде чем познать Святого Духа, вы должны знать *о* Нем.

ОН – БОГ

Святой Дух — Личность Божественной Троицы, упомянутая первой в Писании (см.: Бытие 1:2). Святой Дух — Бог. Иисус называет Святого Духа Богом (см.: Матфея 12:28; Луки 11:20). Апостол Петр также назвал Святого Духа Богом (см.: Деяния 5:3-4).

Святой Дух также именуется:

- Дух Божий (см.: 1 Петра 4:14; Бытие 1:2; 1 Коринфянам 2:10-14).
- Дух Иисуса (см.: Деяния 16:7).
- Дух Бога Живого (см.: 2 Коринфянам 3:3).
- Дух Отца (см.: Матфея 10:20).

В Писании почти 70 раз упоминаются выражения «Дух Божий» или «Дух Господень», когда речь идет о Святом Духе. Он описан как обладающий Божественными атрибутами Бога:

- Он всезнающий (всеведущий, см.: 1 Коринфянам 2:9-10).
- Он всемогущий (всесильный, см.: Псалом 103:30).

- Он присутствует везде (вездесущий, см.: Псалом 138:7-12).
- Он вечный (см.: Евреям 9:14).

Кроме того, Святой Дух обладает моральными качествами Бога: святостью (см.: Римлянам 1:4), истиной (см.: Иоанна 14:17) и любовью (см.: Римлянам 15:30).

Святой Дух совершал дела Божьи, такие как:

- Он участвовал в творении (см.: Бытие 1:2; Иова 33:4; Псалом 103:30).
- Он даровал жизнь и силу воскресения (см.: Иоанна 6:63; Римлянам 8:11).
- Он вдохновлял пророчества и Писания (см.: 2 Петра 1:21; 2 Царств 23:2; 2 Тимофею 3:16).
- Он дает новое рождение (см.: Иоанна 3:2-5).

Святой Дух — это не просто сила, а Личность, равная Отцу и Сыну. Он возвеличивает Иисуса, а не себя. И то, что Он не привлекает внимания к Себе, а обращает людей к Христу, не делает Его менее Божественным. Святой Дух — это Бог! Троица — это Святой

Дух как третья часть Божества, Иисус Христос как третья часть Божества и Бог Отец как третья часть Божества. Доктрина триединого Бога утверждает, что в едином Боге существуют три Личности. Все три ипостаси Троицы имеют одну и ту же сущность, но разные роли в отношениях с миром.

СВЯТОЙ ДУХ – ЛИЧНОСТЬ

Именно здесь все становится увлекательным, хотя многие сталкиваются с недопониманием. Святой Дух — это не «оно». Он не сила, энергия или ощущение. Он — не атмосфера. Позвольте мне четко заявить это здесь: Он не «языки». Эту истину важно осознать, если вы хотите познать Святого Духа.

Святой Дух использует личные местоимения, когда речь идет о Нем: «*Отделите Мне...*» (Деяния 13:2), и «*...Дух сказал ему: вот, три человека ищут тебя; встань, сойди и иди с ними, нимало не сомневаясь; ибо Я послал их*» (Деяния 10:19-20). Безличные силы не говорят, не посылают людей и не используют личные местоимения в отношении себя.

Иисус упоминает о Святом Духе как о Личности, называя Его словами *Он* или *Ему*, чтобы описать Святого Духа, а не *Оно* (см.: Иоанна 16:7-8, 13-14). Иисус назвал Его «другим» Помощником (см.: Иоанна 14:16-17). Согласно Писанию, мы знаем, что Святой Дух обладает тремя составляющими личности: разумом, волей и эмоциями/чувствами (Римлянам 8:27: «*...мысль у Духа...*»; Деяния 16:6-7: «*...они не были допущены Духом Святым...*»; Ефесянам 4:30: «*...не оскорбляйте Святого Духа Божия...*»).

Святой Дух совершает действия, которые под силу лишь личности, Он:

- Говорит (см.: Деяния 13:2; 1 Тимофею 4:1; Откровение 2:7, 11, 17, 29).
- Все проницает (см.: 1 Коринфянам 2:10).
- Открывает (см.: 2 Петра 1:21).
- Учит (см.: Иоанна 14:26).
- Вопиет (см.: Галатам 4:6).
- Ходатайствует (см.: Римлянам 8:26).
- Призывает (см.: Деяния 13:2; 20:28).
- Ведет (см.: Римлянам 8:14).
- Создает (см.: Иова 33:4).
- Помогает (см.: Римлянам 8:26).

- Дает дары (см.: 1 Коринфянам 12:7-11).
- Свидетельствует (см.: 1 Иоанна 5:6).
- Наставляет (см.: Иоанна 16:13).
- Объединяет (см.: 2 Коринфянам 13:13).

Все эти и подобные действия совершают личности, а не безличные силы. Он также имеет чувства и может быть:

- Оскорблен (см.: Ефесянам 4:30; Евреям 10:29).
- Возмущен (см.: Исаии 63:10).
- Обманут (см.: Деяния 5:3).
- Его можно хулить (см.: Матфея 12:31-32).
- Можно противиться Ему (см.: Деяния 7:51).
- Можно Его прогневать (см.: Псалом 105:32).
- Можно угодить Ему (см.: Деяния 15:28).

СИМВОЛЫ СВЯТОГО ДУХА

В Библии представлены различные описательные символы Святого Духа: голубь, огонь, ветер, елей, вода и печать. Эти символы не умаляют Его как Личность или как Бога, — подобно тому, как Иисус бывает представлен как Агнец Божий или Лев из колена Иудина. Эти символы раскрывают различные Его аспекты. Например, голубь символизирует кротость, верность и чистоту Святого Духа. Огонь — это очищение, ветер — невидимый и таинственный, но при этом могущественный и подвижный. Как елей, Он — Божье помазание, дающее нам силу исполнять Божью волю. Как вода, Он освежает и утоляет духовную жажду. Как печать, Он запечатлевает истинность и неподдельность, подобно современной подписи. В Библии также сказано, что Святой Дух — Божий залог, который гарантирует все, что Он нам обещал (см.: 2 Коринфянам 1:22).

Некоторые люди не считают, что Святой Дух — это Личность, потому что в отдельных старых переводах Библии о Нем говорится как о некоем духе. Да, Святой Дух — это дух, что говорит о Его Божественной природе, поскольку Бог есть Дух (см.: Иоанна 4:24). Иногда Его называют дыханием Всевышнего (см.: Иова 32:8). В этом материальном мире нам привычнее отношения с личностями, наделенными телами, которые мы можем видеть, осязать и слышать.

Когда вы бывали на чьих-то похоронах и видели тело человека, лежащее в гробу, вы, вероятно, осознавали, что это лишь физическая оболочка, и самого человека там уже нет. Человек — это не его тело. Человек живет в теле. Наше физическое тело подобно дому, и Святой Дух решил жить в нас. Наше тело — Его храм; мы — Его «адрес». Только потому, что вы не можете Его видеть, Святой Дух не становится менее реальным. Чувствуя дуновение ветра, вы можете видеть, как колышутся деревья, хотя и не видите самого ветра. Точно так же и Святой Дух реален, даже если мы не можем видеть Его физическими глазами.

ПРАКТИЧЕСКАЯ РАБОТА

Если хотите ходить в Святом Духе, начните с того, чтобы изучить, что Библия говорит о Нем. Читая Библию, выделяйте каждое упоминание о Святом Духе цветным карандашом или маркером. Размышляйте о прочитанном в молитве и записывайте в дневнике свои мысли о прочитанном. Читайте книги и смотрите видео на эту тему. Однако помните, что проповеди, комментарии и книги никогда не заменят Библию; они лишь дополняют ее. Когда вы наполняете свой разум знаниями о Святом Духе из Священного Писания, эта информация становится откровением, которое поведет вас к более глубоким отношениям со Святым Духом.

2

СТАТЬ ЧУТКИМИ К СВЯТОМУ ДУХУ

Чтобы ходить в Святом Духе, мы должны стать чуткими к Святому Духу.

Когда Израиль был освобожден из египетского рабства, он сорок лет блуждал по пустыне, прежде чем пришел в землю обетованную. То, что произошло с Израилем, является параллелью для нас: Бог ведет нас от освобождения к ученичеству, а затем к окончательному владычеству. Период пустыни — это промежуток времени между тем, где мы были, и тем, куда идем. Этот жизненный этап — время трудностей и развития.

Мы должны развивать чувствительность к Святому Духу в этот важный период, да и в каждую пору нашей жизни. Восприимчивость — важнейший ключ к победе. Во время странствий в пустыне Израиль роптал и огорчал Божьего Духа, ожесточив свои сердца. Вслушайтесь в слова пророка Исаии: *«Но они возмутились и огорчили Святого Духа Его; поэтому Он обратился в неприятеля их: Сам воевал против них»* (Исаии 63:10). О том, насколько важной была эта пора для Израиля, Святой Дух говорит через псалмопевца:

> ...*«ныне, когда услышите глас Его, не ожесточите сердец ваших, как во время ропота, в день искушения в пустыне, где искушали Меня отцы ваши, испытывали Меня и видели дела Мои сорок лет. Посему Я вознегодовал на оный род и сказал: непрестанно заблуждаются сердцем, не познали они путей Моих; посему Я поклялся во гневе Моем, что они не войдут в покой Мой».*

Евреям 3:7-11,
см. также: Псалом 94:7-11

Народ Израиля слышал голос Святого Духа, но ожесточил свои сердца в день испытания. Они испытывали Бога, роптали и огорчали в течение сорока лет. Автор Послания к Евреям цитирует то же место Писания, еще раз подчеркивая, что этим они огорчали Святого Духа:

Почему, как говорит Дух Святой, «ныне, когда услышите глас Его, не ожесточите сердец ваших, как во время ропота, в день искушения в пустыне...».

Евреям 3:7-8

Святой Дух говорит к нашему внутреннему человеку, и мы слышим Его тихий голос в своем сердце. Мы не можем иметь отношений с Богом, не слыша, как Святой Дух обращается к нам. Он говорит с нами через Писание, через других людей, обстоятельства и в нашем духе. Да, Он не молчит, Он говорит! Голос Святого Духа всегда созвучен Священному Писанию. Он Божественный, последовательный и всегда соответствующий Божьей воле и Слову. Иногда этот тихий голос звучит, как веяние легкого ветра (см.: 3 Царств 19:12). Святой Дух может шептать, и чтобы услышать Его, нужны вера, близость и внимательность. Как по мне, то можно сказать об этом так: чтобы слышать Бога, нужно быть рядом с Богом. Когда мы уменьшаем шумы в наших жизнях и сердцах, голос Святого Духа становится более отчетливым.

Восприимчивость к Святому Духу возрастает, если мы не ожесточаем свои сердца, когда Он говорит. Святой Дух обращался к Израилю, но люди ожесточили свои сердца, тем самым притупив свою чувствительность к Нему. В итоге они огорчили Святого Духа и отвергли Его. Ваше сердце также может быть горячим или стать холодным по отношению к Богу. Оно может быть более восприимчивым или стать более ожесточенным по отношению к Святому Духу.

КОГДА ЖИЗНЬ СТАНОВИТСЯ ТРУДНОЙ

Когда же именно Израиль ожесточил свое сердце по отношению к Святому Духу? В трудные моменты — во времена испытаний, скитаний по пустыне и давления. Другими словами, не ожесточайте свое сердце по отношению к Святому Духу, когда жизнь становится трудной. Когда все становится непросто, опирайтесь на Святого Духа как на Утешителя.

Одна из целей дьявола в том, чтобы заставить нас стать отстраненными, потерять чувствительность к Божьему Духу и стать ожесточенными из-за жизненных проблем и невзгод. Это убивает нашу восприимчивость к Святому Духу. Бог хочет, чтобы наши сердца оставались мягкими, как кожа младенца. И не страшно, если внешне мы будем «толстокожими», — наши сердца должны оставаться мягкими по отношению к Святому Духу. У многих людей все наоборот: они нежные снаружи, но их сердца безразличны и тверды. Они слишком чувствительны к тому, что люди говорят или думают о них, и в то же время не заботятся о том, что думает или чувствует о них Святой Дух. Я предпочел бы иметь кожу потолще касательно того, что люди думают обо мне, и мягкое сердце относительно того, какого обо мне мнения Святой Дух.

Если вы часто чувствуете себя обделенным, обиженным и вам кажется, что все вокруг должны осторожничать, чтобы не задеть ваши чувства, потому что вы легко заводитесь из-за мелочей, я призываю вас развивать в себе восприимчивость к Святому Духу. Перестаньте ставить себя на пьедестал! Пусть важнее будет ваше отношение к Святому Духу — воспитывайте в себе чуткость к Нему и сохраняйте свое сердце открытым и нежным к Нему.

ПОСТОЯННОЕ РОПТАНИЕ

Чтобы ходить в Святом Духе, мы должны оставаться чуткими к Нему, особенно во времена испытаний. Лучше всего предаться Святому Духу, чем позволить житейским ситуациям захватить нас. В день испытания доверьтесь Святому Духу и не требуйте от Бога доказательства Его силы, сомневаясь в Его способности или характере. Когда Израиль подвергался испытаниям в пустыне, то постоянно роптал. Хроническое роптание огорчает Святого Духа. Роптание для дьявола то же самое, что поклонение — для Бога. То, что должно было быть коротким периодом испытаний для израильтян растянулось на сорок лет хождения в пустыне из-за их ропота и неверия.

Я часто задаюсь вопросом: не в ропоте ли причина того, когда наши трудные времена затягиваются, а проблемы только усугубляются? Роптание способно ожесточить наши сердца, оно не только огорчает Святого Духа, но и притупляет нашу чувствительность к Нему. Иисус, проходя через искушения в пустыне, не роптал, а исповедовал Божье Слово. Он победил искушения и дьявола и вернулся из пустыни в силе Святого Духа.

ПРАКТИЧЕСКАЯ РАБОТА

Период пустыни в нашей жизни — это Божья возможность развить вас. Со всем усердием храните свое сердце от ожесточения, потому что из него проистекают источники жизни (см.: Притчи 4:23). Берегите свою восприимчивость к Святому Духу. Когда Он говорит, проявляйте послушание. Когда Он движется, следуйте за Ним. Когда Он обличает, покайтесь. Не позволяйте дьяволу преуспеть в том, чтобы ожесточить ваше сердце, используя трудные времена. Сегодня, если вы слышите Его голос, не ожесточайте свое сердце (см.: Псалом 94:8).

3

НЕ РАНИТЬ СВЯТОГО ДУХА

Чтобы ходить в Святом Духе, мы не должны ранить Святого Духа.

Апостол Павел предупреждает верующих в Ефесе: «...не оскорбляйте Святого Духа Божия, Которым вы запечатлены в день искупления» (Ефесянам 4:30). Слово «оскорблять / огорчать» в греческом языке — *lypéō* — означает «вызывать скорбь и скорбеть, печалить, тяготить, огорчать, удручать, наводить тоску, повергать в уныние»[1].

---

[1] Joseph Henry Thayer, *A Greek-English Lexicon of the New Testament: Being Grimm's Wilke's Clavis Novi Testamenti* (New York: Harper & Brothers, 1889); James Strong, *A Concise Dictionary of the Words in the Greek Testament and The Hebrew Bible* (Bellingham, WA: Logos Bible Software, 2009), s.v. "3076. λυπέω (lypéō)."

Огорчение — это и есть то, откуда происходит выражение «ранить чувства».

Огорчив Святого Духа, мы, конечно же, не потеряем Его, но причиняем боль Его сердцу, а также открываем себя для демонического влияния. Несколькими стихами ранее Павел говорит: «...не давайте места диаволу» (Ефесянам 4:27). Все, что огорчает Святого Духа, становится дверью или возможностью для атаки дьявола.

Если мы внимательно прочитаем контекст фразы «...не оскорбляйте Святого Духа...» (Ефесянам 4:30), мы увидим, что можем огорчить Святого Духа поведением или образом своей жизни. Образ нашей жизни — это очень широкая и глубокая тема. Я хочу выделить три категории, которые упоминает апостол Павел и которые огорчают Святого Духа: греховные эмоции, гнилая речь и грубое отношение к людям.

ТОКСИЧНЫЕ ЭМОЦИИ

Когда мы держим в себе токсичные, негативные эмоции, это огорчает Святого Духа. Недовольство, гнев, ярость, язвительность, злоба — не только разрушают нас, но и разрушают наши отношения с Ним. Вы не сможете ходить в Святом Духе, если живете в недовольстве и обиде. Если мы носим в себе горечь, обиду, гнев, ярость, злобу, то не сможем быть близки со Святым Духом. Эти эмоции ранят Святого Духа. Храня в себе горечь, мы начинаем таить в себе недовольство. Мы возводим стены вокруг своего сердца, чтобы не допустить новой эмоциональной травмы. На самом деле, этим мы не только не даем себе исцеления, но и препятствуем нашему хождению в Святом Духе.

В Новом Завете слово, обозначающее оскорбление, — это *skandalon*[2], которое описывает оскорбление как приманку в ловушке. Когда животное касается крючка, чтобы съесть приманку, срабатывает пружина, капкан захлопывается, и животное попадает в ловушку. То же самое происходит с нами, когда мы принимаем негативные эмоции — это вражья ловушка, заманивающая нас, которая впоследствии нарушает наши отношения со Святым Духом. Удержание обиды

---

[2] Strong, *A Concise Dictionary*, s.v. "4625. σκάνδαλον (skandalon)."

ведет к гордости и желанию контролировать; это демоническое трио, которое действует сообща. Святой Дух не имеет к этому никакого отношения. Это не Его природа.

Мы все переживаем боль, причиненную людьми, но важно, как мы с ней справляемся. Каждый человек бывает раним; но ранить Святого Духа может лишь то, что мы делаем с этой болью. Предательство — это то, что делают с нами другие, но обида — это то, что мы делаем с собой. Предательство — это внешнее, а обида — внутреннее. Примите решение простить и отпустить негативные токсичные эмоции, иначе не сможете свободно и полноценно ходить в Святом Духе.

ГНИЛАЯ РЕЧЬ

Следующее, что может огорчить Святого Духа — это наша речь. Как указывал апостол Павел, ложь, сквернословие и злоречие ранят Святого Духа. Но когда мы говорим истину, когда наша речь для назидания и наполнена благодатью, — мы почитаем Святого Духа. Апостол Павел здесь использует слово «гнилой», в греческом *sapros*, это слово обычно относится к тухлой рыбе или гнилым фруктам, изъеденным червями маслинам[3]. Гнилая речь — это непристойные выражения, которые не подходят тем, кто хочет ходить в Святом Духе.

Интересно, что когда Святой Дух сошел на апостолов, Он дал им и новые языки. Кто-то сказал, что «говорение на языках — это дар Святого Духа, а контроль над своим языком — это плод Духа». Невозможно ходить в Святом Духе и чтобы Он при этом не воздействовал на ваш язык. Использование бранных слов не подобает исполненному Духом христианину. Основатель *KFC* однажды сказал, что обращение к Христу стоило ему половины его словарного запаса. Говорят, что когда в Уэльсе вспыхнуло движение ривайвелизма[4], то суды опустели, проституция исчезла, а пивным пришлось закрыться из-за отсутствия посетителей. И даже с ослами в шахтах возникла проблема, потому что ослы были при-

---

[3] HELPS Word Studies," BibleHub, H.E.L.P.S. Ministries, Inc. s.v. "4550. σαπρός (sapros)."

[4] Ривайвелизм (англ. *revival* «возрождение, пробуждение») — движение в протестантизме, возникшее в XVIII веке. Ривайвелисты главный акцент делают на переживании личной встречи с Богом и приближающемся втором пришествии Иисуса Христа.

учены реагировать только на бранные слова. Если вы хотите ходить в Святом Духе, то не должны огорчать Его, позволяя гнилой речи исходить из ваших уст.

Ложь — еще один грех речи, о котором упоминал апостол Павел. Ложь — это нечто противоположное Святому Духу, Который есть Дух истины. Мартин Лютер однажды сказал: «Ложь — как снежный ком. Чем дольше его катать, тем больше он становится». Лгать — значит обманывать. Правда отчасти — это уже не правда. Маленькая ложь приводит к большим последствиям. Помните историю Анании и Сапфиры? Они солгали Святому Духу и тут же пали замертво. Преувеличение — это тоже ложь, а не ошибка. Ошибка — это не грех; преувеличение — это тоже неправда. Преувеличение — это частичная правда, но с примесью фальши. Преувеличение — это обман. Когда вы лжете, преувеличиваете или говорите полуправду, то равняетесь на отца лжи, дьявола. Мы должны отказаться от подобного типа речи, если не хотим огорчить Святого Духа.

Наши слова должны быть полезны для назидания и разделять благодать с теми, кто их слышит. Еще в одном месте апостол Павел говорит: *«Слово ваше да будет всегда с благодатию, приправлено солью...»* (Колоссянам 4:6). Иногда можно услышать, как люди оправдывают свою грубость тем, что «говорят все, как есть», «ничего не приукрашивают» или «говорят все начистоту». Это просто оправдание грубости и словесной агрессии. Писание не говорит, что нужно «подсластить» сказанное, оно объясняет, что речь нам следует приправлять солью, которая есть благодать и доброта (см.: Колоссянам 4:6).

Грубые слова ранят людей. Они также ранят Святого Духа. Иногда требуется помощь Святого Духа, чтобы сдержать наши негативные эмоции. Если не можем сказать ничего назидательного, то нам нужно держать рот на замке. Если в наших словах нет благодати, то лучше придержать язык за зубами. Никому не нужны наши грубые словесные извержения. Нам может казаться, что они дают нам облегчение, но на самом деле они только отталкивают других. Пусть наша речь всегда будет приправлена благодатью, так как угодно Святому Духу, если мы хотим угодить Ему.

ПРИЧИНЕНИЕ БОЛИ ЛЮДЯМ

В этой последней части главы, где мы рассматриваем, чем можем огорчать Святого Духа, надо отметить, что это любые наши поступки, которые причиняют боль людям. Грубость и резкость не ограничивается лишь грубым поведением, но и действиями и речью. Грубое обращение с людьми ранит Бога, потому что Он есть любовь. Его природа отражает доброту и мягкосердечность в общении с людьми, умение прощать. Это относится не только к разрешению конфликтов, но и к ежедневному общению дома и на рабочем месте.

Позволяя себе резкие слова и грубое поведение, мы обижаем Святого Духа. Даже Иисус сказал: «...Я кроток и смирен сердцем...» (Матфея 11:29). Он трости надломленной не переломит (см.: Исаии 42:3). Иисус — Лев из колена Иудина, но Он также и Агнец Божий. Если мы хотим, чтобы Святой Дух присутствовал в нашей жизни, то должны развивать в себе природу Агнца.

ПРАКТИЧЕСКАЯ РАБОТА

Чтобы ходить в Святом Духе, нам необходимо не оскорблять Его. Мы часто огорчаем Святого Духа своим образом жизни. Если вам стало обидно из-за того, что кто-то обошелся с вами несправедливо, простите и отпустите. Если вы легко обижаетесь и поддаетесь эмоциональной боли, покайтесь в гордыне и смиритесь. Перестаньте возводить себя слишком высоко.

Возможно, ваша речь нуждается в очищении. Не забывайте приправлять свою речь солью; добавьте благодати в то, что вы говорите. Избегайте преувеличений и лжи, начните культивировать правдивость и любовь в своей речи.

Если вы замечаете, что допускаете грубость и резкость в поведении, безразличие и нечуткость, покайтесь и позвольте Святому Духу пробудить доброту и мягкость в том новом сердце, которое Он вложил в вас. «*Итак, кто во Христе, тот новая*

тварь; древнее прошло; теперь все новое»
(2 Коринфянам 5:17).

4

ГОВОРИТЬ СО СВЯТЫМ ДУХОМ

Чтобы ходить в Святом Духе, необходимо говорить со Святым Духом.

А постол Павел, заканчивая свое послание к верующим в Коринфе, благословил их: *«Благодать Господа нашего Иисуса Христа, и любовь Бога Отца, и общение Святого Духа со всеми вами. Аминь»* (2 Коринфянам 13:13). В этом отрывке мы видим, как три Личности Троицы участвуют в нашем духовном росте: Иисус, Отец и Святой Дух. Павел не говорит о каком-то исключительном случае, а показывает, как эти Три Личности Троицы взаимодействуют сообща:

- Действовали сообща при сотворении мира (см.: Бытие 1:2-3; Иоанна 1:1-3; 1 Иоанна 5:7. Отец говорил; Слово исходило; Дух действовал).

- Присутствовали при рождестве Христа (см.: Матфея 1:20; Луки 1:32-34. Отец послал Сына; Сын родился; Дух снизошел на Марию).

- Проявились в крещении Христа (см.: Луки 3:21-22. Отец говорил; Иисус крестился; Дух сошел на Христа).

- Были задействованы в служении Христа (см.: Деяния 10:38. Бог помазал Иисуса; Иисус принял помазание; Святой Дух был этим помазанием).

- Участвуют в великой миссии (см.: Матфея 28:19. Мы крестим людей во имя Отца, Сына и Святого Духа).

- Присутствовали при вознесении Христа (см.: Деяния 2:33. Отец исполнил обетование; Иисус получил обетование; Дух был этим обетованием).

- Задействованы в распределении даров и призваний (см.: 1 Коринфянам 12:4-6. Дух дает дары; Иисус дает служения; Бог дает занятия / действия).
- Присутствуют в нашем спасении (см.: 1 Петра 1:2. Мы избраны Отцом, освящены Духом и окроплены кровью Иисуса).
- Присутствуют в нашей молитвенной жизни (см.: Ефесянам 3:14-21. Мы укрепляемся Духом, познаем любовь Христа и исполняемся полнотой Божьей).

ОБЩЕНИЕ СВЯТОГО ДУХА

В своем благословении во 2 Коринфянам 13:13 апостол Павел упоминает о благодати, любви и общении (причастии). Святой Дух простирает свое общение на нас. Важно заметить, что здесь говорится не об общении со Святым Духом, а об общении Святого Духа. Здесь говорится о Его общении, которое Он желает дать каждому из нас. Общение — это улица с двусторонним движением, и акцент в этом месте Писания делается на том, что общение исходит от Святого Духа, то есть Он является тем, кто инициирует общение с нами. Инициатор — Святой Дух.

Обратите внимание, что в этом стихе также упоминается благодать Иисуса, а не благодать *с* Иисусом. У Иисуса есть благодать, которую Он может распространить на нас. Так же и с любовью Отца, а не с любовью *к* Отцу или *для* Отца. Отец дарит Свою любовь, а мы, получив этот дар, отвечаем Ему любовью. Это дары Троицы — не то, что мы можем предложить Им, а то что они предлагают нам! Святой Дух предлагает нам общение, более того, Он жаждет общения с нами.

KOINŌNIA

Святой Дух хочет общаться с вами, а не только обличать, хотя это общение может принести обличение. Быть вместе и общаться — не означает отдавать кому-то приказы, руководить, или направлять, или даже учить, или наделять силой. Да, Дух Божий делает все это: Он направляет, руководит, учит и обличает. Но апостол Павел открывает нам, что Святой

Дух хочет общаться с нами так же сильно, как Иисус хочет дать нам благодать, а Отец — преизобильно изливать на нас Свою любовь.

Греческое слово *koinōnia* означает «общение» или «совместное учатие», то есть содружество, объединение или соучастие в общем деле[5]. Это слово упоминается в Новом Завете около 19 раз. Позвольте мне привести пример: «*И они постоянно пребывали в учении Апостолов, в общении и преломлении хлеба и в молитвах*» (Деяния 2:42). Верующие ранней церкви проводили время в общении друг с другом. Мы все знаем, как выглядит хорошее общение: беседы, совместная трапеза, приятное времяпрепровождение; это наслаждение обществом друг друга.

Общение со Святым Духом отличается от молитвы. Молитва подразумевает общение с Богом и Святым Духом. Общаясь со своими братьями и сестрами, вы не молитесь им, а разговариваете с ними. Именно этого хочет от нас Святой Дух. Общение Святого Духа — это разговор. Святой Дух стремится к постоянному общению с нами в нашем духе,

---

[5] Thayer, *A Greek-English Lexicon of the New Testament*, s.v. "κοινωνία (koinónia)."

а не только во время молитвы, проповеди или чтения Библии. Он хочет поддерживать этот диалог с нами всегда.

PARAKLETOS

Греческое слово *parakletos,* часто встречающееся в Писании, связано с тем, как апостолы свидетельствовали о своем призвании. Иисус, объясняя о Святом Духе, сказал, что Он будет другим Утешителем (см.: Иоанна 14:16-18), Который займет место Иисуса. Слово «Утешитель» на самом деле является переводом слова *parakletos,* которое представляет собой соединение двух греческих слов — *para* и *kletos. Para* означает «очень близкий»[6]. Апостол Павел использовал это слово для описания своих отношений с Тимофеем. *Kletos* означает «призванный»[7]. Святой Дух был призван занять место Христа рядом с апостолами, утешать их, вести к более глубокому познанию истины, давать им силу преодолевать испытания и нести Благую Весть миру.

---

[6] Strong, *A Concise Dictionary,* s.v. "3844. παρά (para)."

[7] Ibidem, s.v. "2822. κλητός (klētŏs)."

Какие отношения были у учеников с Иисусом? Они не просто посещали Его — они жили, ходили и разговаривали с Ним. Это была не просто жизнь «два-часа-с-Иисусом» по воскресеньям. Это не было тридцатиминутным «временем тишины» вместе с Ним по утрам. Стать последователем Иисуса — это было не то же, что следить за знаменитостью или подписаться на любимого проповедника в *Instagram*. Они были с Ним 24/7, проводили с Ним дни и ночи. Ученики не молились Иисусу, они разговаривали с Ним. Они спрашивали Его, когда у них возникали сомнения, вопросы или проблемы. Он был их Другом, их Попутчиком.

Сегодня вы можете иметь такие же отношения со Святым Духом, какие были у апостолов с Иисусом. Именно поэтому Иисус говорит Своим ученикам, что Его Отец пошлет «другого», чтобы быть с ними (см.: Иоанна 14:16-17). Святой Дух хочет быть для верующих Тем же, Кем был Иисус для учеников в те времена. Поэтому Он живет в нас так же, как Иисус физически жил со Своими учениками. Святой Дух хочет общаться с нами таким же точно образом, как Иисус общался со Своими учениками. Дух Божий поселился в нас, когда мы приняли спасение. Он называет нас Своим храмом, или святилищем.

ВСЕ, А НЕ ЭЛИТЫ

Святой Дух хочет общаться со всеми христианами, а не только с «особенными» людьми. Общение Святого Духа предназначено для всех, а не только для духовной элиты. Никто из нас не должен чувствовать себя недостойным благодати Иисуса; чтобы получить Его благодать, достаточно быть грешником. Зная, что Его любовь не заслужена нами, большинство из нас чувствуют себя недостойными любви Отца. Но когда речь заходит об общении Святого Духа, то многим кажется, что оно предназначено лишь для неких супердуховных людей с великим призванием.

Возможно, вы тоже думаете, что общение Святого Духа каким-то образом принадлежит исключительно особой части христианского сообщества. Однако апостол Павел устраняет такое мнение в послании к Коринфской церкви: «...общение Святого Духа *со всеми вами...»* (2 Коринфянам 13:13, выделение автора). Это просто потрясающе! Это значит, что все приглашены к общению. Святой Дух хочет общения с вами. Да-да, с вами! Вы — часть всех!

ЭТО СУТЬ, А НЕ ДОПОЛНЕНИЕ

Общение со Святым Духом — это не дополнение к духовной жизни. Это основа успешной христианской жизни. Когда я приезжаю на автомойку, меня спрашивают, хочу ли я обычную или премиум мойку, которая стоит дороже. То же самое и с бензином: есть 87-й обычный, а есть 93-й суперпремиум. Но сопричастность Святого Духа — это не христианство премиум-класса. Это нормальное христианство, а не какое-то более глубокое или высокое. Оно не для супердуховных или гиперхаризматов. Хождение в Святом Духе не является какой-то дополнительной опцией. Постоянные живые отношения с Ним необходимы каждому верующему. Вот почему общение с Ним открыто всем. Святой Дух стремится быть в общении с каждым из нас. И для этого Он жаждет привлечь наше внимание.

Некоторые верующие воспринимают это так, словно общение со Святым Духом — это десертное меню в ресторане. Вот вы уже наполнились благодатью и любовью, но еще осталось место, и вы все еще голодны, — да, начинайте развивать близость со Святым Духом, однако будьте осторожны, чтобы не стать такими же чудаками, как некоторые харизматы. Скептики утверждают, что «слишком много Святого Духа» не пойдет вам на пользу; это все равно, что объесться торта. Но в действительности жизнь нашего Господа Иисуса была наполнена Духом, и позже Он сказал ученикам, чтобы они ничего не начинали, пока не исполнятся Святого Духа. То же самое касается и нас. Личное общение Святого Духа предназначено не только для особо жаждущих — оно для всех; подобно тому, как благодать и любовь доступны каждому.

Тем, кто возражает против того, чтобы говорить со Святым Духом утверждая, что такого учения нет в Библии, следует вспомнить, что Святой Дух — это Личность, и Он — Бог. И как с любой личностью, вы можете говорить с Ним.

ПРАКТИЧЕСКАЯ РАБОТА

Начните говорить со Святым Духом. Есть люди, которые начинают каждый день со слов: «Добро пожаловать, Святой Дух!» Но я не считаю, что нам следует ежедневно приглашать Его. Он не покидает нас ночью и не возвращается на следующее утро, когда мы снова начинаем поклоняться Ему. Моя жена не перестает быть моей женой, когда мы просыпаемся поутру. Я не женюсь на ней каждый вечер перед тем, как лечь спать. Вы проводите время в поклонении и чтении Библии не для того, чтобы Святой Дух пришел к вам, — это время помогает лучше осознать то, что Он уже присутствует в вашей жизни. Найдите время, чтобы говорить с Ним в течение дня. Он — в вас!

Мы можем больше получать Святого Духа, а Святой Дух может получать больше нас. Подобно тому, как в отношениях с другим человеком мы можем углублять связь, лучше узнавая и понимая друга, так и в общении со Святым Духом мы можем открывать Его для себя на более глубоком уровне. Он хочет большего от нас, и мы можем стать ближе к Нему. Наша близость к Святому Духу, осознание Его присутствия в нашей жизни на протяжении дня проявляется в общении с Ним и послушании Его голосу. Проводите время с этой замечательной Личностью Троицы. Выработайте в себе ежедневную привычку постоянного общения со Святым Духом. Начните говорить с Ним, если чувствуете в себе это желание ходить в Святом Духе.

5

ПОЛАГАТЬСЯ НА СВЯТОГО ДУХА

Чтобы ходить в Святом Духе,
мы должны полагаться на
Святого Духа.

Апостол Павел, обращаясь к верующим Рима, сказал: *«Также и Дух подкрепляет нас в немощах наших; ибо мы не знаем, о чем молиться, как должно, но Сам Дух ходатайствует за нас воздыханиями неизреченными»* (Римлянам 8:26). Святой Дух стремиться помочь нам, особенно в наших слабостях. Но Он не сможет этого сделать, если мы не будем полагаться на Него. Он не вмешается, если мы не попросим Его о помощи. Он не привязывает нас к Себе насильно. То же слово, которое Бог дал Зоровавелю, можно применить

и к нам: «...*не воинством и не силою, но Духом*
Моим...» (Захарии 4:6).

Не сомневаюсь, что многое в нашей жизни
складывалось бы совсем по-иному, если бы
мы больше полагались на Святого Духа.
Сегодня многие верующие ходят по плоти,
а не по Духу. Они рассчитывают по жизни
только на свои силы, понимание и способности. Вы не сможете ходить в Духе, если всегда
будете опираться только на себя.

Бог хочет видеть в нас выработанный
характер, который является *плодом* Духа.
Плод духа — это результат Его работы в нас
и через нас. Плоды появляются на ветке есте-
ственным образом. Дерево производит плод.
Ветки не стремятся и не напрягаются приносить плоды; они приносят их. Вот почему
Иисус говорит, что мы, как ветви, должны
пребывать в Нем, чтобы приносить плод.
И здесь речь идет не о старании изо всех сил, а
о пребывании. Полагаясь на Святого Духа, мы
даем Ему возможность работать в нас. Когда
же мы все делаем своими силами, то часто
ходим по плоти. Вместо того чтобы увидеть

плоды, мы можем обнаружить, что наши усилия оказываются бесплодными.

СВЯТОЙ ДУХ ХОЧЕТ ПОМОЧЬ ВАМ

В немощах наших Он хочет подкреплять нас. Позволите ли вы Ему? В оригинальных греческих рукописях Евангелия от Иоанна по отношению к Святому Духу используется слово *paraclete* (см.: Иоанна 14:16, 26; 15:26; 16:7). Как мы уже знаем, в переводе это означает, что Он — Советник, Который стоит рядом и защищает, подобно адвокату. А вот другие слова, которые описывают силу и работу Святого Духа:

- Покровитель.
- Помощник.
- Учитель.
- Утешитель.
- Укрепитель.
- Заступник.
- Наставник.
- Защитник.
- Друг.
- Ходатай.

- Адвокат.
- Советчик.

И хотя ни одно из этих слов не описывает Святого Духа в полной мере, они помогают нам понять, как Он действует в жизни верующих. Кровь Иисуса дает верующим власть (право) просить Святого Духа о помощи в любой из этих областей.

ПОЛАГАЙТЕСЬ НА СВЯТОГО ДУХА ДЛЯ ВАШЕГО ОСВЯЩЕНИЯ

Святой Дух хочет сделать нас святыми. Он свят, и только Он может помочь вам стать святыми. Бог избрал нас «...через освящение Духа... избрал вас ко спасению...» (2 Фессалоникийцам 2:13). Святой Дух освящает нас. Он помогает нам отделить себя от мира и посвятить себя Господу. Освящение требует усилий с нашей стороны, это оказывается невозможным для некоторых людей, потому что они делают это без помощи Святого Духа. А без Его помощи мы быстро впадаем либо в законничество, либо в беззаконие. Святой Дух помогает нам быть святыми, не будучи законниками. Вам захочется быть святыми благодаря тесному сообществу с Ним! Полностью полагайтесь на Него.

ПОЛАГАЙТЕСЬ НА СВЯТОГО ДУХА, ЧТОБЫ УПОДОБИТЬСЯ ХРИСТУ

Плод Духа, который Он производит в нас, зависит от нашего отношения. Отношение — это ваши мысли, чувства и поведение, связанные с чем-то или кем-то. *«Плод же духа: любовь, радость, мир, долготерпение, благость, милосердие, вера, кротость, воздержание...»* (Галатам 5:22-23). В этом мире многое находится вне нашего контроля. Мы не можем изменить поведение людей по отношению к нам, а иногда не можем изменить свою ситуацию. Единственное, что мы можем контролировать, — это свою реакцию на все.

На самом деле часто именно плохое отношение ухудшает ситуацию. Проблема не так с происходящим с нами, как в нашей реакции на него. Кто-то сказал: «Плохое отношение — это как спущенное колесо. Вы не сможете никуда уехать, пока не замените его». Святой Дух пребывает в вас, чтобы помочь вам вырабатывать и проявлять благочестивое отношение к любой ситуации, через которую вы проходите. Именно Его присутствие в вас позволяет вам реагировать на все благочестивым образом.

ПОЛАГАЙТЕСЬ НА СВЯТОГО ДУХА, ЧТОБЫ УКРЕПИТЬСЯ В СВОЕМ ВНУТРЕННЕМ ЧЕЛОВЕКЕ

Апостол Павел молился о том, чтобы Бог даровал верующим «...крепко утвердиться Духом Его во внутреннем человеке...» (Ефесянам 3:16). Когда ситуация превышает наши внутренние силы, мы испытываем стресс. Стресс — это дисбаланс между нашими возможностями и возлагаемой ответственностью. И Господь желает укрепить наши силы, а не постоянно снимать с нас ответственность. Его Дух укрепляет нас во внутреннем человеке, а не в мышцах. Недаром пророк Исаия сказал: «...надеющиеся на Господа обновятся в силе...» (Исаии 40:31). Бог не всегда устраняет наши проблемы; Он просто делает нас сильнее через Свой Дух. Подобно Давиду, мы должны научиться укрепляться в Господе, Боге нашем (см.: 1 Царств 30:7), в Святом Духе.

ПОЛАГАЙТЕСЬ НА СВЯТОГО ДУХА, ЧТОБЫ ОН ВЕЛ ВАС

Бог дал нам Свое Слово, чтобы направлять нас, а Его Дух всегда рядом, чтобы быть нашим Проводником. Божье Слово — это как карта, а Его Дух — наш путеводитель. Библия дает нам все, что мы должны знать о грехе, спасении, Иисусе, о том, что угодно Богу, и т. д. Однако в Библии нет ответов на вопросы о том, где жить, с кем вы (как христиане) должны создать семью, на какую работу устроиться, когда и сколько читать Библию, как долго молиться и поститься! Очень многие верующие испытывают замешательство, пытаясь понять, как узнать конкретную Божью волю для своей жизни.

Хотя Писание дает нам основные ориентиры, а благочестивые люди могут поделиться мудростью и советом, именно Святой Дух послан в нашу жизнь для водительства. *«Ибо все, водимые Духом Божиим, суть сыны Божии»* (Римлянам 8:14). Важно подчеркнуть, что Святой Дух ведет, а не управляет. Он направляет, а не приказывает. Мы управляем машинами, но детей ведем. Управление машиной предполагает задействование предметов, но в случае с живыми людьми мы ведем их.

Скорее всего, Святой Дух не возьмет на Себя ответственность за принятие ваших решений, но Он поведет вас по пути праведности и предоставит выбор — послушаться или нет. Библия — это ваша карта, а Он — ваш путеводитель. Просите Его вести вас и не бойтесь спрашивать о правильном направлении.

ПОЛАГАЙТЕСЬ НА СВЯТОГО ДУХА, ЧТОБЫ ОН УЧИЛ ВАС

Святой Дух также является нашим Учителем. В послании апостола Иоанна говорится: «*...самое сие помазание учит вас всему...*» (1 Иоанна 2:27). Иисус так говорит о Святом Духе: «*...Он... наставит вас на всякую истину...*» (Иоанна 16:13). Любимая книга Святого Духа, из которой Он наставляет, — это Библия. Он является Автором Священного Писания, поэтому вполне логично, что Он — лучший Учитель Библии.

Некоторые предпочитают читать Библию на греческом, на латыни, или на древнееврейском, но лучший способ читать Библию — это с помощью Святого Духа. Когда вы читаете Библию в удобном для вас переводе, с маркером и блокнотом, обязательно пригласите Святого Духа, лучшего Учителя во Вселенной. Ваше время, проведенное в изучении Слова, станет Его классной комнатой, если вы захотите стать Его учеником.

ПОЛАГАЙТЕСЬ НА СВЯТОГО ДУХА, ЧТОБЫ ОН ПОМОГ ВАМ В ПОКЛОНЕНИИ

Иисус говорит нам, что *«Бог есть дух и поклоняющиеся Ему должны поклоняться в духе и истине»* (Иоанна 4:24). Святой Дух прославляет Иисуса (см.: Иоанна 16:14). Апостол Павел также напоминает церкви в Филиппах: *«...обрезание — мы, служащие Богу духом...»* (Филиппийцам 3:3). Святой Дух — это Бог, и, конечно же, Он достоин поклонения. Но Он также помогает нам поклоняться Иисусу. Использование любимых песен или инструментальной музыки — это хорошо, но нет более великого Лидера поклонения, чем Святой Дух. Он вдохновляет наше поклонение, чтобы оно было чистым, в духе и истине.

Бог не ищет новых песен для поклонения, хотя нет ничего плохого в новых песнях, но в действительности Бог ищет настоящих поклонников, поклоняющихся в духе и истине (см.: Иоанна 4:24). Мы не сможем стать такими поклонниками, которых ищет Бог, без водительства и помощи Святого Духа.

ПОЛАГАЙТЕСЬ НА СВЯТОГО ДУХА В УТЕШЕНИИ

Жизнь порой становится сложной, нам бывает больно и тяжело. Если не будем осторожны, то начнем искать утешение в ложных источниках, таких как еда, развлечения или даже алкоголь, наркотики, секс. Эти утешения временно притупляют боль, но не приносят исцеления. Они могут вызвать привыкание, зависимость и открывают двери демонам. Когда жизненные утешения подводят нас, а по-другому и не может быть, мы должны обратиться к настоящему Утешителю, Святому Духу.

В Деяниях 9:3 Лука пишет о первых церквах Иудеи, Галилеи и Самарии, рассказывая, что они пребывали в покое, ходили в страхе Божьем и «...*при утешении Святого Духа, умно-*

жались» (Деяния 9:31). Церковь была гонима, но ходила в утешении. Как такое возможно? Они не просто ходили в утешении, но и умножались. Это возможно лишь благодаря Утешителю, Святому Духу. Чтобы ходить в Святом Духе, мы должны полагаться на Его утешение.

ПОЛАГАЙТЕСЬ НА СИЛУ СВЯТОГО ДУХА

Святой Дух хочет дать нам силу, чтобы мы могли исполнить свое предназначение на этой земле: «...но вы примете силу, когда сойдет на вас Дух Святой; и будете Мне свидетелями...» (Деяния 1:8). Божье призвание отличается от карьеры. Божье призвание требует помощи Святого Духа. Это то, что мы называем помазанием — Божьей силой, дающей способность действовать. Бог дает нам задания больше тех, с которыми мы можем справиться сами по себе, потому что ожидает от нас сотрудничества со Святым Духом.

Если вам кажется, что нынешнее ваше служение или призвание вам не по силам, то, скорее всего, вы правы. Хотя отдых и управление временем и ресурсами важны, мы все больше нуждаемся в силе Святого Духа, без которой Иисус не велел Своим ученикам действовать и служить. Божью работу необходимо выполнять Божьим способом. А Божий способ исполнить Его труд заключается в том, что мы полагаемся на Святого Духа.

ПРАКТИЧЕСКАЯ РАБОТА

Все становится проще, когда у вас есть помощь, — будь то перестановка мебели, работа над проектом или повседневные задачи. Возможно, вам не всегда удается рассчитывать на помощь семьи и друзей, но Святой Дух всегда готов помочь вам. Просто попросите Его! Иногда надо просто сказать: «Святой Дух, пожалуйста, помоги мне; я не могу сделать это сам».

6

БЫТЬ В ПОСЛУШАНИИ СВЯТОМУ ДУХУ

Чтобы ходить в Святом Духе, мы должны пребывать в послушании Святому Духу.

Наше хождение в Духе затормозится, если мы не будем жить в послушании Ему. Мы можем молиться на языках, читать Библию и даже разговаривать с Ним, но все эти действия не принесут плодов, если не будут сопровождаться послушанием. На самом деле, непослушание сильно огорчает Святого Духа.

ПОСЛУШАНИЕ ВАЖНЕЕ ЖЕРТВЫ

Царь Саул ослушался Святого Духа, не исполнив повеление сказанное ему Богом через пророка Самуила, в результате чего Святой Дух отошел от него. Я считаю, что мы как христиане не утратим Святого Духа, если преткнемся и ослушаемся, но точно потеряем близость и общение с Ним! Продолжая оставаться в непослушании, мы ставим под угрозу свою духовную жизнь, потому что Бог свят.

Духовные жертвы не смогут восполнить непослушание. Бог сказал Саулу, что «послушание лучше жертвы» (см.: 1 Царств 15:22). Людям легче молиться и ходатайствовать, чем быть в послушании. Молиться, конечно, очень важно, но молитва не должна заменять собой послушание Его голосу, — молитва должна вести к послушанию. Изучение Библии также важно, но не должно быть оправданием послушанию Его голоса и Его слова. Знания «головы» должны становиться знаниями сердца, которые вы применяете на практике. Иисус сравнивает того, кто слышит Его слова, но не исполняет их с человеком, строящим дом на песке (см.: Матфея 7:24-26).

Человек может быть близко к Божьему Слову и Его людям и, возможно, даже ощущать Его присутствие, но при этом относиться к Его наставлениям очень поверхностно.

У нас есть собака по кличке Джоко. Представьте ситуацию: моя жена просит покормить Джоко, пока она сходит в магазин. Я отвечаю: «Хорошо!» Жена возвращается и спрашивает, покормил ли я Джоко, а я ей в ответ: «Ну да, я выучил наизусть все, что ты сказала». Возможно, на нее произведет впечатление, что я заучил ее слова, но вопрос, покормил ли я нашего песика, все равно остается без ответа. Вообразите, если бы я ответил: «Мы вместе с другими владельцами собак провели Zoom-конференцию и обсудили, что представляет собой правильное кормление собак. Мы глубоко и детально исследовали их кормление в различных культурах. Мало того, я выучил фразу "покормить Джоко" на нескольких языках и даже присоединился к онлайн-группе собаководов. Теперь со всей ответственностью могу приняться за кормление нашего песика». Но даже после всего сказанного вопрос остается открытым: покормил ли я Джоко? Конечно, мой ответ: «Нет, не кормил». Так что все эти кропотливые исследования мало что значат, если они не приводят к послушанию.

Я все время повторяю, что Библия дана нам не для того, чтобы мы только наполняли голову знаниями, а чтобы знания вели нас к послушанию. Конечная цель познания Божьего Слова и слышания Его голоса — быть в послушании Ему. Послушание радует Бога и высвобождает благословения!

Послушание ведет к благословению.

Если ты... будешь слушать гласа Господа, Бога твоего, тщательно исполнять все заповеди Его, которые заповедую тебе сегодня, то Господь, Бог твой, поставит тебя выше всех народов земли...

Второзаконие 28:1

Божьи благословения приходят не потому, что мы просто слышим Божий голос, а через послушание Его голосу. И в следующем стихе говорится: «...и придут на тебя *все благословения сии и исполнятся на тебе, если будешь слушать гласа Господа, Бога твоего»* (Второзаконие 28:2). Вы получаете Божьи благословения не только потому, что услышали Святого Духа, а потому что послушались.

Вода не превратилась бы в вино лишь потому, что слуги услышали, как Иисус сказал им наполнить пустые сосуды водой. В действительности именно их акт послушания сделал реальным то, что в обычных условиях невозможно. Вода не могла стать вином сама по себе. Виноградный сок может стать вином (в процессе брожения), а вода — нет. Однако, невозможное становится возможным, когда мы следуем наставлениям: *«...что скажет Он вам, то сделайте»* (Иоанна 2:5). Не используйте молитву как оправдание своего непослушания Богу. Иногда Бог просит вас не о том, чтобы вы больше молились и постились, а о том, чтобы вы простили кого-то или пожертвовали что-то. Пребывайте в послушании Богу, и чудеса последуют за послушанием. Глубочайшая духовность обретается в жизни простого послушания Господу.

ОТ СЛЫШАНИЯ К СЛУШАНИЮ

Не просто услышать, но прислушаться к сказанному Богом — вот что радикально меняет нашу жизнь. Конечно, прежде чем прислушаться, надо сначала услышать. Хотя мы можем слышать, но не вслушиваться в то, что нам сказано Богом. Адам знал голос Божий, но прислушался к голосу дьявола. Иисус слышал голос дьявола, но не прислушался к сказанному им. Ваш духовный рост будет определять не тот голос, что вы услышите, а тот, к которому прислушиваетесь.

Когда я был моложе, мне так хотелось слышать голос Бога буквально, физически. Как мало я тогда знал, что Богу незачем говорить со мной о каких-то новых вещах, если я не хожу в послушании тому, что Он уже ясно сказал через Писание. Зачем мне слышать новые наставления, если я не послушался тех, которые Он уже дал мне? Научитесь послушанию от и до во всем том, что Бог сказал вам делать.

Начав развивать более близкие отношения со Святым Духом, я стал более восприимчивым к Его голосу. Сейчас я уже не молюсь:

«Господи, говори больше». Я молюсь о том, чтобы Господь помог мне быть в послушании Его голосу. Послушание не дается легко, особенно для тех, кто склонен к гордости или привык полагаться только на себя. Послушание ведет к жертвенности, но не используйте жертву для того, чтобы компенсировать недостаток послушания.

ПОСЛУШАНИЕ – ЦЕНА ДРУЖБЫ

Иисус сказал Своим ученикам: *«Вы друзья Мои, если исполняете то, что Я заповедую вам»* (Иоанна 15:14). Эти слова стоит тщательно обдумать. Представьте, что вы говорите своему лучшему другу: «Ты мой друг, потому что делаешь все, что я тебе скажу». Возможно, на этом ваша дружба и прекратится. Но дружба с Богом — это совсем другое. Она не основывается просто на постоянном общении с Ним; она предполагает послушание. Если ваше общение не ведет к послушанию, вы не сможете стать Его другом. Послушание — это цена настоящей дружбы с Богом. Дружба со Святым Духом уготована только для тех, кто живет в послушании.

Вот удивительные слова из книги пророка Исаии: «*А ты, Израиль, раб Мой, Иаков, которого Я избрал, семя Авраама, друга Моего...*» (Исаии 41:8). Бог назвал Иакова Своим рабом, а Авраама — Своим другом. Позже о глубокой дружбе Бога с Авраамом упоминали царь Иосафат (см.: 2 Паралипоменон 20:7) и апостол Иаков (см.: Иакова 2:23). Авраам действительно был другом Бога. Его жизнь отличалась верой и послушанием. Мы все знаем историю о том, как Авраам был готов отдать своего любимого сына в знак послушания Богу (см.: Бытие 22). Чтобы стать Божьим другом, недостаточно петь песню Израэля Хоутона «Друг Бога». Дружба с Ним — это не просто слова, которые вы провозглашаете, это жизнь, которую вы живете в послушании Ему.

Если вы хотите быть другом Святого Духа, то живите и поступайте по духу (см.: Галатам 5:6), будьте водимы Святым Духом (см.: Галатам 5:18) и живите Святым Духом (см.: Галатам 5:25). Другими словами, шагайте в ногу со Святым Духом. Это и есть послушание. Будьте послушны заповедям Господа, записанным в Писании, и внимательно слушайте голос Святого Духа в своем сердце.

ЧТО ДАЛЬШЕ?

Мы рассмотрели несколько важных и практических способов для развития отношений со Святым Духом. Я молюсь о том, чтобы, применяя эти принципы, вы глубже познали Его, получили утешение, доверяли Его руководству и ходили в Его силе. Лучшего пути просто нет.

БЛАГОДАРИМ ВАС ЗА ЧТЕНИЕ!

Мы искренне надеемся, что эта книга принесла вам благословение. Чтобы помочь вам извлечь из этого послания как можно больше пользы, мы предлагаем учебное пособие и видеозаписи электронного курса, которые идеально подойдут для обсуждений в домашних группах.

Кроме того, вы можете воспользоваться планами чтения в приложении *YouVersion Bible App*, чтобы углубить свое изучение и сделать Божье Слово частью повседневной жизни.

Если книга оказалась для вас полезной, пожалуйста, оставьте отзыв на *Amazon* или *Goodreads* или поделитесь своими впечатлениями в социальных сетях. Это поможет другим людям узнать о книге и углубить свое познание Бога.

Для дополнительной информации и доступа ко всем нашим ресурсам посетите наш сайт: *pastorvlad.org/russian*

СТАНЬТЕ ПАРТНЕРОМ СЛУЖЕНИЯ

Служение Владимира Савчука предлагает множество бесплатных библейских ресурсов, включая курсы, видеоуроки, планы чтения и книги, переведенные на более чем 12 языков. Мы также активно занимаемся гуманитарной деятельностью по всему миру, оказывая помощь нуждающимся.

Мы стремимся, чтобы люди во всех уголках мира узнавали об Иисусе Христе и углубляли свое познание Бога. Вы можете поддержать нас в этой миссии, став партнером служения. Для этого можете сделать одноразовое пожертвование или стать постоянным партнером.

Мы стремимся к тому, чтобы у каждого человека был свободный доступ к библейским материалам, и ваша поддержка поможет нам сделать это возможным.

Для того чтобы узнать больше о видении и влиянии служения или сделать пожертвование, посетите наш сайт: *pastorvlad.org/donate*

ДРУГИЕ КНИГИ АВТОРА

Путь к свободе
Как обрести свободу и сохранить ее

От создания до свидания
Божественные принципы отношений, свиданий, брачного союза

Ответный удар
От освобождения к владычеству

Перезагрузка
Ускорение и прорыв с помощью поста

**Взаимоотношения
со Святым Духом**

Разведи огонь
Как преодолеть бури, преграды и духовные атаки

Пост
Руководство для начинающих

КАК НАС НАЙТИ

YouTube.com/c/ВладСавчук

Telegram: t.me/vladsavchuk

www.pastorvlad.org/russian

Если у вас есть свидетельство, связанное с данной книгой, пожалуйста, напишите мне на электронную почту:

vlad@pastorvlad.org

Информацию о книгах и учебных пособиях на русском языке, а также ссылки на аудио- и видеоресурсы на русском языке вы можете найти на сайте

www.pastorvlad.org/russian